Crédito hipotecario en América:
Guía del comprador para financiar una vivienda –
Curso Rápido de Confianza

M. D. Baltazar

En Alianza con Baltazar Partners, L.L.C. 2016.

CRÉDITO HIPOTECARIO EN AMÉRICA:
GUÍA DEL COMPRADOR PARA FINANCIAR UNA VIVIENDA – CURSO RÁPIDO DE CONFIANZA

Primera Edición. Marzo 31, 2016.

Escrito por M. D. Baltazar

Este libro está dedicado a todos aquellos que creen en el sueño de la vivienda propia!

- *M.D. Baltazar*

Especialmente dedicado a:

_____

De su amigo de confianza:

_____

Tabla de Contenido

Ahora, Vamos a Comenzar!

Capítulo 1: Vamos a presentarles a los principales miembros del proceso de financiación

1. *La compañía hipotecaria:* Un préstamo hipotecario es un préstamo que está garantizado por bienes raíces o personales. En este libro, los llamaremos préstamos para vivienda. La compañía hipotecaria que otorga estos préstamos a menudo se conoce como el prestamista. Es bastante común que el prestamista que procesa su préstamo lo venda a otra compañía de hipoteca para su manutención.

2. *Oficial de Préstamo:* Esta persona toma su información personal para la solicitud de préstamo (en persona, por teléfono o en línea), solicita su crédito y obtiene una decisión sobre su solicitud. Si usted queda precalificado, a continuación, su oficial de préstamo le permitirá saber qué documentación se necesita para verificar la información proporcionada en la solicitud. También puede referirse a esta persona como un prestamista.

3. *Procesador:* Esta persona ayuda a que el oficial de préstamo prepare el archivo completo de préstamo para la suscripción. Cuanto mejor sea el procesador, más va a interactuar con esta persona. De lo contrario, es posible que su oficial de préstamo esté haciendo una gran cantidad de las labores administrativas del proceso de préstamo. Esto no es necesariamente malo, pero es algo a tener en cuenta porque usted quiere que su agente de préstamos se centre en las tareas más especializadas. Además, también es importante tener a su oficial de préstamo o al

procesador disponible para que pueda hacerle preguntas a lo largo del camino.

4. *Asegurador hipotecario:* Esta persona tiene la última palabra sobre las solicitudes de préstamos. Un asegurador hipotecario revisa la documentación proporcionada en el archivo del préstamo y se asegura de que cumple los requisitos. A menudo, el asegurador hipotecario solicita más documentación de soporte de la que el oficial de préstamo / procesador pensaban para cumplir con los requisitos de préstamo. Esto está bien, aunque puede ser un poco molesto. (Nota: Si un asegurador hipotecario aprueba un préstamo que no cumple con los requisitos de préstamo y se detecta después de que el nuevo préstamo entre en vigor, esto podría causar que el prestamista incurra en costos significativos / sanciones e incluso una mala reputación.)

5. *Evaluador:* Persona certificada o con licencia que proporciona una opinión profesional del valor de la propiedad en cuestión. Esta persona es generalmente pagada por adelantado por el solicitante del préstamo, a través del prestamista seleccionado. Se requiere un informe de evaluación para financiar un hogar; es una gran herramienta que se utiliza para asegurar que usted no está pagando de más por una vivienda mientras le asegura al mismo tiempo a su prestamista que el valor de la casa es suficiente.

6. *Abogado / Compañía de título de propiedad:* Dependiendo del estado en el que esté comprando, una tercera empresa ayudará a la transferencia de la titularidad de la propiedad en cuestión. Ellos investigarán la propiedad por derechos de retención y ayudarán a asegurar una transferencia apropiada. En el caso en que se utilice una compañía aseguradora de título de propiedad, ellos en realidad emiten una póliza de seguro que protege al prestamista / comprador de cualquier gravamen que perdido en la "nube" de la propiedad.

7. *Compañía de Seguros de Vivienda:* Al igual que con el seguro de auto, usted está obligado a mantener un seguro contra todo riesgo para asegurar el préstamo. Mientras usted no esté comprando una propiedad dentro de una asociación de propietarios que proporcionen una póliza contra todo riesgo en todas sus unidades, usted debe seleccionar la compañía de seguros.

Ahora que ha conocido a algunas de las personas que encontrará a lo largo del camino, vamos a ver en algunos de los factores clave en la solicitud de préstamo de vivienda.

Capítulo 2: El banquillo de "tres patas": crédito, ingresos y pago inicial

¿Por qué tal analogía? Un banquillo de tres patas no puede ponerse de pie sin una de sus patas, y así es el caso del proceso de solicitud de préstamo para vivienda. No puede ser aprobado si una de estas tres "patas" tiene un problema: el crédito, los ingresos o el pago inicial. Ahora vamos a echar un vistazo a cada uno de ellos con más detalle.

Primera "pata": Establecer, comprender y mejorar su crédito

Cuando era un niño, mi abuelo me dijo que el préstamo de dinero era malo. Dijo que si no podía pagar en efectivo, entonces no lo necesitaba. Si bien éste fue un cariñoso consejo, no ayuda a alguien que está tratando de calificar para un préstamo de vivienda hoy en día. Usted ve, que necesita esta cosa llamada "crédito" con el fin de calificar para las mejores opciones de financiación disponibles. Por ejemplo, mientras que hay préstamos de la Administración Federal de Vivienda –AFV (en inglés FHA) disponibles para las personas sin crédito, hay una prima de seguro hipotecario requerido PSH (En inglés MIP) que se agrega al pago mensual para este tipo de préstamo. Para una persona con una buena puntuación de crédito, un préstamo convencional tendría un PSH con mejores condiciones. Vamos a discutir la AFV y los préstamos convencionales con mayor profundidad más adelante. También vamos a aprender más sobre el seguro de hipoteca y los pagos de los préstamos. Por ahora, vamos a seguir hablando de crédito. Estamos empezando!

Puede encontrar más información sobre el establecimiento de crédito en el Apéndice A.

Las puntuaciones de crédito se utilizan para determinar el riesgo y son proporcionadas por las tres principales agencias de reportes de crédito: TransUnion, Equifax y Experian. Cada uno de estos organismos tiene su propia fórmula de calificación de crédito y proporcionan una puntuación diferente. Además de las diferentes fórmulas, las puntuaciones de crédito también pueden ser diferentes debido a algunas cuentas de crédito que no fueron reportadas a ninguno de los tres organismos. Al solicitar un préstamo para la vivienda, el prestamista va a obtener las tres calificaciones, dejará las puntuaciones altas y bajas, y usará de la puntuación media para calificar la aplicación. Como se puede imaginar, este componente inicial del proceso de aplicación es crítico y puede determinar por adelantado qué opciones de préstamos no van a estar disponibles.

Es importante tener en cuenta que los servicios de reparación de crédito se están comercializando cada vez más en estos días, pero esta asesoría puede ser incoherente, ineficaz y costosa. Tenga mucho cuidado cuando esté comprando los servicios de reparación de crédito. Además, conseguir su calificación de crédito por su cuenta puede ser engañosa. Por lo tanto, es muy recomendable que obtenga su calificación de crédito directamente de un prestamista de hipoteca.

El siguiente desglose muestra los factores que se tienen en cuenta en la puntuación de crédito y cómo es ponderado cada uno:

Historial de pagos: 35%, Cantidad a pagar: 30%, Duración del historial de crédito: 15%, Nuevo crédito: 10%, Tipos de crédito: 10%

Vamos a echar un vistazo más de cerca a estos importantes factores que contribuyen a su calificación de crédito, a partir del historial de pagos. No hay mejor manera de determinar el riesgo de crédito que ver cómo alguien está pagando sus deudas. Si su vecino quería pedir prestado $ 20, pero aún no había regresado los $ 10 desde el mes pasado, entonces es probable que usted no quiera prestarle cualquier otra cosa. ¿No hubiera sido bueno saber de antemano que su vecino tenía un mal historial de pago? Pues bien, los informes de crédito son un registro histórico de cómo ha pagado a sus acreedores y ayuda a contarle los acreedores futuros sobre usted.

Llegar tarde en algunos pagos, por ejemplo, lanza una señal de alerta de que es posible que tenga problemas de presupuesto. Por supuesto, puede haber razones válidas detrás de los retrasos en los pagos, como la enfermedad, la muerte en la familia o la pérdida del empleo que estaba fuera de su control. Los prestamistas pueden tomar en cuenta este tipo de cosas al tratar una solicitud para alguien con crédito menos perfecto. Si bien tener razones válidas detrás del mal crédito no va a cambiar su calificación de crédito, todavía podría posiblemente abrir algunas opciones de préstamo. Más adelante en este libro, vamos a ver varias opciones de préstamos que pueden estar disponibles para las personas con mal crédito, crédito deficiente y todo el camino hacia un crédito excelente.

La cantidad adeudada, otra gran manera de ayudar a determinar el riesgo, también se refleja en la puntuación de crédito de una persona. Piénselo de esta manera: si alguien tiene todas sus seis tarjetas de crédito que han llegado al límite, ¿cree que está realmente listo para asumir la responsabilidad adicional del pago de una casa? En este escenario, las tarjetas de crédito comunican a las agencias de crédito que el consumidor tiene problemas de presupuesto y puede haberse convertido en dependiente de las tarjetas de crédito como fuente de sostenibilidad. Éste consumidor probablemente se convierta en delincuente una vez que la "fuente" ya no está disponible, el riesgo de crédito es más alto y baja las calificaciones de crédito de esta persona, lo cual se traduce en ser un riesgo de crédito. Por desgracia, este escenario es bastante común y, a menudo conduce a la quiebra.

Por lo tanto, la categoría de cantidad adeudada tiene mucho peso. Esta categoría también tiene en cuenta el número de cuentas de crédito renovables con saldos y la cantidad de cada cuenta que está siendo utilizada. Es importante mantener sus saldos de tarjetas de crédito a menos del 50% del límite de crédito. Por ejemplo, si usted tiene un límite de crédito de $ 1,000, usted debe mantener su saldo de $ 500 (50%). Una vez que pasan por encima de la marca del 50%, su calificación de crédito comenzará a caer. Éste es otro hecho interesante: La mayoría de la gente piensa que su puntuación de crédito se pone mejor cuando pagan una tarjeta de crédito, pero este no es el caso. Cuando usted tiene un saldo de más de $ 0, pero inferior al 30%, obtiene "puntos de bonificación" en sus cuentas de crédito. La ventaja es aún mayor cuando el saldo es inferior al 10%, por lo que se aconseja en el Apéndice A mantener un equilibrio de menos de $ 30 en una tarjeta de crédito asegurada de $ 300.

Ahora nos estamos moviendo a las tres categorías más pequeñas en nuestra carta, que en conjunto tienen un menor impacto sobre el crédito que cada una de las dos que acabamos de discutir. Estas categorías son muy importantes sin embargo, y pueden separar las puntuaciones que se encuentran entre los 600 de los que están en los 700. Para ilustrar estas categorías, imaginemos que los acreedores están pensando en "casar" a los prestatarios, pero quieren saber más acerca de su carácter primero. Por ejemplo, la longitud del historial de crédito es importante porque muestra una estabilidad. Si alguien tiene tres cuentas reflejadas en su informe de crédito, con la cuenta más antigua de 18 meses, entonces esto significa que es una persona que tiene experiencia limitada con la deuda. Esta experiencia es limitada debido a que no se tienen muchos datos disponibles, lo que hace que sea mucho más difícil obtener una mejor evaluación de riesgos que la persona tiene 10 años de historia de crédito. Como cualquier otra persona, los acreedores prefieren "casarse" con alguien que conocen más, en lugar de un virtual desconocido.

Lo mismo aplica para un nuevo crédito. Si bien es una muy buena señal de que alguien confía en la persona lo suficiente para aprobarlo para el crédito, todavía puede ser demasiado pronto para juzgar cómo va a manejar esa cuenta. También hay que tener en cuenta que cada vez que se solicita un crédito, se comprueba y se registra como una investigación en su crédito. Minimizar sus investigaciones de crédito es muy importante porque las investigaciones bajan sus calificaciones; mientras existan más consultas en un corto período de tiempo (es decir, 30 días), mayor será el impacto en una investigación posterior. Los acreedores consideran que las excesivas consultas significan que el consumidor está desesperado y / o no sabe lo suficiente sobre el crédito para respetarlo. Revisando la metáfora del "matrimonio", imaginémoslo de esta manera: No hay una buena sensación cuando un acreedor recibe una propuesta de un prestatario potencial que ha propuesto a otros cinco acreedores en el último mes. Lo más probable es que el prestatario está siendo rechazado por una razón y / o que está tomando demasiadas obligaciones a la vez. Esta es una señal potencial de alerta, por lo que las agencias de informes de crédito reducirán las puntuaciones del prestatario para alertar a los acreedores de que el prestatario se ha vuelto más riesgoso. Por lo tanto, no empujar demasiado su crédito es una buena regla a seguir.

Por último, los tipos de crédito que se utilizan también tienen un impacto en las puntuaciones de crédito. El mejor tipo de crédito es un préstamo a plazos garantizado. Hay dos razones por las que este tipo de crédito es el mejor. En primer lugar, está garantizado por un activo. Esto no sólo reduce al mínimo el riesgo para el acreedor, sino también señala a los futuros acreedores que el prestatario tiene activos para prometer en primer lugar. En segundo lugar, un saldo de préstamos a plazos está diseñado para bajar y ser eliminado dentro de un cierto período de tiempo. Ejemplos de este tipo de cuentas son préstamos para vivienda y para automóviles. El siguiente mejor tipo de crédito es a plazos sin garantía, se debe al hecho de que está programado para ser pagado. El tipo de crédito final es un crédito renovable, que puede ser una tarjeta de crédito o tarjeta de una tienda. Este tipo de crédito se considera más arriesgado, ya que no está diseñado para ser eliminado; se puede utilizar cada vez que desee. Existe un riesgo añadido por el hecho de que el crédito rotatorio se utiliza a menudo cuando hay una falta de ingresos y / o de ahorros, lo que deforma aún más la capacidad de los consumidores a pagar sus deudas. Cuando alguien comienza a "robar a Pedro para pagarle a Pablo," entra en un círculo vicioso del que puede ser difícil salir y a menudo conduce a la quiebra.

Como se puede imaginar, hay más cosas que puede le pueden hacer daño a un crédito que aquellas que hay para ayudarlo, pero con un enfoque proactivo para la gestión y utilización del crédito realmente puede trabajar a su favor.

El Apéndice C tiene más consejos sobre el mantenimiento y la mejora de las puntuaciones.

Segunda "pata": Factores críticos de los ingresos a tener en cuenta

Al igual que el crédito, cuando se trata de una solicitud de préstamo de vivienda, hay más cosas que pueden dañar la propia situación de ingresos que aquellas que pueden evitarlo. Antes de entrar en algunos ejemplos, vamos a empezar por mirar lo que a los prestamistas les gustaría ver. A los prestamistas les gusta ver al menos dos años con el empleador actual y un ingreso constante que está tendiendo hacia arriba y fácil de verificar. Esto parece bastante simple, ¿verdad? Bueno, por desgracia, puede complicarse rápidamente.

Aquí están algunas de las cientos de posibles complicaciones que pueden surgir:

1. Cambio de empleo con una NUEVA línea de trabajo (cambios dentro de la misma línea de trabajo están bien)

2. A tiempo completo, pero que trabajan menos horas de lo estipulado para "tiempo completo" (se parece a un trabajador a tiempo parcial)

3. Tiempo libre sin pago (esto puede resolverse con la documentación adecuada)

4. Comisión de base por menos de dos años (necesita mostrar una historia de comisión de al menos dos años)

5. Despedido y / o trabajador de temporada (esto puede funcionar con antecedentes de al menos dos años)

6. Signos de una caída de los ingresos en los últimos dos años (esto se ve en las declaraciones de impuestos)

7. Bonos inconsistentes o ingresos por tiempo extra durante los últimos dos años (puede ser posible promediarlos)

8. Gastos no reembolsados relacionados con el trabajo en las declaraciones de impuestos (si bien esto reduce los impuestos sobre su ingreso, también puede reducir la cantidad de ingresos que puede reportar en una solicitud de préstamo)

9. Recientemente retirado sin ningún ingreso regular (y / o los ingresos se detendrán en menos de tres años - probar tres años de ingreso continuo es requerido para la mayoría de servicios financieros)

10. Recepción de manutención de hijos que no está ordenada por la corte (y / o la manutención de los hijos que se detendrá en menos de tres años)

Nota: Por favor, no confunda el requisito de tres años para los ingresos fijos con los dos años utilizados para los asalariados.

No todo el mundo va a tener un historial de ingresos perfecto. La mayoría de los prestamistas se preparan normalmente para trabajar con escenarios únicos que requieren más atención. Esto se logra mediante la consecución de documentación concluyente para hacer un caso de aprobación de préstamo. La documentación es fundamental para casi todos los aspectos del proceso de aprobación del préstamo, pero es aún más grande cuando se trata de la verificación de ingresos. Aunque puede haber muchas formas de documentar de manera concluyente la mayoría de los escenarios, hay algunos, como ser a base de comisión por menos de dos años, que actualmente están "grabados en piedra" como requisito préstamo. En teoría, las autoridades de préstamos quieren ver un registro de dos años con el fin de utilizarlo como flujo de ingresos. Otros dos ejemplos a lo largo de estas mismas líneas son la bonificación y los ingresos por horas extraordinarias. Es seguro decir que el uso de un ingreso básico (sueldo o un horario de trabajo de 40 horas semanales garantizado) para la calificación de ingresos funciona mejor, pero, por supuesto, ser capaz de reportar un mayor ingreso hace aumentar la cantidad aprobada del préstamo.

Sería prudente que los prestatarios con escenarios únicos soliciten que su agente de préstamos obtenga la opinión del evaluador de préstamos por adelantado, con el fin de validar el ingreso que se va a utilizar para la aplicación antes de llegar demasiado lejos en el proceso de compra. Por desgracia, algunos oficiales de préstamo adivinan y sobreestiman las cifras de ingresos que el suscriptor es capaz de utilizar. Cuando esto ocurre a mitad del proceso, el prestatario pierde la casa que está tratando de comprar y el dinero invertido por adelantado. Por el simple hecho de saber que se puede solicitar una revisión de ingresos por adelantado por un evaluador, usted ahora es un consumidor mucho más inteligente.

Puesto que hay literalmente cientos de posibles escenarios que pueden surgir, trate de asegurarse de que su prestamista esté encima de todo. Vamos a discutir formas de buscar un prestamista más adelante en este libro. Por favor, tenga en cuenta que existen recursos disponibles en GoodMortgageAmerica.com que pueden ayudarle también.

Tercera "pata": Comprender las opciones de cuota inicial y sus requisitos

Si bien se puede obtener, toma un trabajo duro y dedicación, establecer y mantener un buen crédito e ingresos. Pero no olvidemos que estamos construyendo un banco de tres patas y hay otra "pata" a considerar: La cuota inicial. Es importante tener en cuenta que, si bien se requiere una cuota inicial para la mayoría de los programas de préstamos; otros fondos son necesarios al comprar una casa. Hay costos de cierre, garantías y pagos por adelantado para ser pagados en el cierre. Incluso un 0% de enganche del préstamo requiere fondos adicionales. Así que, tener esos fondos disponibles puede ser crítico. En esta sección, vamos a dar algunos ejemplos de programas de préstamos más populares y sus mínimos requisitos de pago iniciales.

Préstamos sin pago inicial

Los dos programas sin pago inicial más populares son AV y DAEU. El préstamo de AV -Administración de Veteranos (en inglés VA), sólo está disponible para los miembros de las fuerzas armadas, veteranos del servicio militar, y en ocasiones para las viudas de los veteranos. Las calificaciones de los préstamos tienen que ser cumplidas por el solicitante de los elegibles-AV. Si bien este tipo de préstamo no tiene un requisito de pago inicial, el solicitante tiene la oportunidad de poner dinero si lo desea. Esto no sólo reduce la cantidad que se financia, sino que también podría reducir el impuesto de las tasas de Administración de Veteranos (AV) asociados. Otra gran ventaja de este tipo de préstamo es que no existe un seguro de hipoteca mensual –HM (en inglés MI) de alta calidad incluido en el pago mensual.

El préstamo DAEU -Departamento de Agricultura de Estados Unidos (En inglés USDA) está reservado para los solicitantes calificados que compran una casa dentro de ciertas áreas designadas por el Departamento de Agricultura de Estados Unidos. Si bien este programa no tiene un requisito de pago inicial, tiene un requisito mensual del seguro de hipoteca.

Véase el Apéndice E para obtener más información sobre el Seguro de Hipoteca.

Préstamos de bajo pago inicial

Para los compradores de vivienda por primera vez (o cualquiera que no ha sido propietario de una casa durante los últimos tres años), hay una opción de pago del 3% para un préstamo convencional. Mientras que esto ayudará al prestatario con fondos limitados para el pago inicial, el costo del seguro de hipoteca mensual es más alto en un pago inicial del 3% al 5% atribuido a este tipo de financiación.

La financiación por la Administración Federal de Vivienda –AFV (En inglés FHA) es la siguiente más baja, con un requerimiento de pago de 3.5% hacia abajo. Uno de los inconvenientes para el préstamo de la AFV es que el seguro de hipoteca mensual nunca cae fuera del préstamo, a menos que se haga un pago inicial del 10% o más. La única manera de deshacerse de este tipo de Seguro de Hipoteca es refinanciar o pagar el préstamo de la AFV. La alternativa más popular para un préstamo AFV es un préstamo convencional.

Si bien se puede suponer que la opción de préstamo convencional del 3% es siempre mejor que el préstamo de la AFV 3,5%, se debe tener en cuenta que las circunstancias de cada solicitante pueden ser muy diferentes. Cada solicitante puede tener un objetivo diferente. Incluso puede haber restricciones de clasificación de préstamos que pueden afectar la elección que el candidato realiza. En cualquier caso, es por esto que es necesario tener un agente de préstamos de confianza y con experiencia para acudir en busca de estas decisiones importantes.

Cuál es la mejor opción de pago inicial?

Suponiendo que el prestatario tiene el dinero, el 20% es el número mágico cuando se trata de tener el mejor pago inicial. Esta cantidad elimina el requisito de seguro de hipoteca sobre los préstamos convencionales. Tenga en cuenta, cuando alguien pone un 20% menos que en un préstamo AFV, todavía tiene que pagar el seguro de hipoteca mensual durante los primeros 11 años del préstamo. Mientras que la eliminación de un seguro de hipoteca del pago mensual es un ahorro agradable a tener, un pago inicial del 20% a menudo puede ser demasiado grande. Por lo tanto no puede haber muchas razones para poner menos del 20% de enganche y pagar por el seguro de hipoteca necesario. En el siguiente capítulo, vamos a aprender un poco más acerca de estos programas, así como algunas otras opciones de préstamos.

Capítulo 3: Una mayor comprensión de las diversas opciones disponibles de préstamos

Comprar una vivienda es un gran logro, y si ha leído hasta aquí, ha demostrado que usted va en serio sobre la compra de una casa y cumplir su sueño americano. Hemos proporcionado una gran cantidad de antecedentes sobre lo que sucede en la financiación de vivienda. En este capítulo, vamos a aprender un poco más acerca de las principales opciones de préstamos mencionados anteriormente. También vamos a ver un par de tipos de préstamos menos comunes que ayudan de diferentes maneras. Si bien no podemos cubrir todos los aspectos de cada préstamo, podemos darle una idea general de lo que implica cada uno. El objetivo de esta sección es que se familiarice con las opciones de préstamos disponibles para darle confianza en su viaje de compra de vivienda.

Sección de "Bonificación": Entender el CIIS

Cuando empecé en el negocio de las hipotecas en 1997, fui sorprendido por el número de acrónimos que formaban parte de la jerga de préstamo de vivienda todos los días. Tenía que mantener un cuaderno con todo traducido. Así que por favor no se desanime por todas las siglas que se encontrará. Hay una sección especial de siglas en la parte posterior de este libro para ayudarlo con algunos de los más comunes. Por ahora, vamos a hablar de CIIS, porque esto es lo que comprende un pago de hipoteca y se utiliza para comparar diferentes opciones de préstamo.

CIIS es un acrónimo de capital, intereses, impuestos y seguros (En inglés PITI). Estos son los elementos que puede comprender su pago mensual de hipoteca. El préstamo se ha programado con pagos mensuales que pagan parte del préstamo principal. Cada pago del préstamo también incluye los gastos de los intereses devengados desde la última liquidación - este es el "C y el I." Con el fin de pagar los impuestos a la propiedad y el seguro (I / S) para el hogar a su vencimiento, el prestamista va a crear una cuenta de garantía bloqueada para mantener los fondos recaudados por el prestatario. Parte de estos fondos se recogen por adelantado cuando el préstamo se saca, y el resto se recoge sobre una base mensual. Dado que las cifras de impuestos y seguros pueden cambiar con el tiempo, el prestamista va a revisar la cuenta de depósito en garantía del préstamo anualmente y a ajustarla en consecuencia. Esto se llama un análisis anual de garantía. Si usted pagó en exceso su cuenta de depósito en el año anterior, recibirá un cheque en el correo; si su cuenta está mal pagada, tendrá que cubrir el déficit. Esto se puede hacer mediante el pago por adelantado del déficit, o incluirlo en su pago de hipoteca y pagarlo a lo largo del tiempo. Incluso si usted paga por adelantado el déficit, el nuevo pago será todavía más alto que el año anterior para contabilizar los impuestos y / o seguros más altos de su vivienda.

Para los préstamos convencionales con 20% de pago inicial, se le da la opción al prestatario de pagar los impuestos a la propiedad y seguros de vivienda por su cuenta y no los incluyen en su pago de hipoteca. Mientras que algunos prestatarios prefieren pagar por su cuenta, la mayoría todavía optan por tener a ambos como parte de su pago mensual para propósitos de conveniencia y / o presupuestos. De cualquier manera, es bueno tener en cuenta esta opción. Esta información es útil para marcarla como favorita para más tarde, después de haber comprado una casa.

Ahora vamos a echar un vistazo a las diferentes opciones de préstamos disponibles.

Préstamos AFV/AV/DAEU

Hemos tocado algunos de los puntos principales para cada una de estas opciones de préstamo mientras usted aprendió acerca de la tercera "pata" del banquillo, la cual cubría las opciones de pago por adelantado. Vamos a abordar algunos puntos más importantes para estos préstamos gubernamentales. En primer lugar, los préstamos de Administración Federal de Vivienda AFV (en inglés FHA) son los más populares, ya que pueden ser utilizados por cualquier prestatario y no se limitan a un determinado grupo (como el préstamo AV).

En segundo lugar, los tres préstamos gubernamentales también tienen requisitos de calificación más permisivos que los de los préstamos convencionales, aunque los préstamos AFV y AV tienen límites de préstamo más bajos. El préstamo del DAEU no tiene límites de préstamo pero sí tiene límites de ingresos, lo que finalmente limita la cantidad del préstamo. Además, este préstamo está restringido a ciertas áreas, las cuales se pueden encontrar en USDA.gov.

En tercer lugar, los tres préstamos del gobierno se limitan a la compra de una residencia primaria solamente. Sería necesaria una opción de préstamo diferente para comprar una para vacaciones o de inversión.

Finalmente, en el Apéndice D, donde se revisan los tiempos de espera requeridos en la compra de una casa después de una quiebra, venta corta o una ejecución hipotecaria, se dará cuenta de que estos tres préstamos tienen tiempos de espera más cortos que los préstamos convencionales.

Préstamos convencionales

El hecho de que la financiación convencional no sea "tan permisiva", como los préstamos del gobierno no significa que sea una opción de préstamo menos deseable. En muchos sentidos, el préstamo convencional puede ser la mejor opción de préstamo disponible. Por ejemplo, los préstamos del gobierno que acabamos de mencionar tienen grandes cuotas iniciales asociados a ellos; estas tasas no se cobran sobre los préstamos convencionales (o los próximos dos préstamos que vamos a tratar). Otro ejemplo es el hecho de que una prima de seguro de hipoteca de préstamo convencional finalmente cae sobre el pago de CIIS, aunque nunca se puede caer sobre un préstamo de la AFV o el DAEU. Debido a estos factores, la financiación convencional es a menudo la opción de préstamo más rentable disponible.

Es importante señalar que hasta este punto, hemos hablado de los préstamos más utilizados en el mercado, todos los cuales están respaldados por el gobierno y / o inversores de Wall Street. También es importante tener en cuenta que, si bien los pagos de todos estos préstamos se hacen a las compañías hipotecarias, el dinero de esas compañías hipotecarias no es el que se presta a los prestatarios. Los fondos son realmente suministrados por los inversionistas; se les paga a las compañías hipotecarias para brindar servicio sobre estos préstamos y cobrar los pagos. Esta información le ayudará a entender mejor las siguientes dos opciones de préstamos sobre las que va a aprender.

Préstamo de cartera

Antes de que el gobierno creara Fannie Mae y Freddie Mac para la financiación convencional, solo dependía de los bancos locales para ayudar a financiar el sueño americano de la casa. Cuando los bancos y las compañías hipotecarias prestan su propio dinero y no comparten el riesgo con el gobierno o los inversores, esto introduce otro tipo de préstamo - el préstamo de cartera. Estos tipos de préstamos no tienen que cumplir con los estrictos requisitos establecidos por las opciones de préstamos antes mencionados, pero por lo general vienen con los requisitos mínimos de pago más altos. La razón principal de esto es porque no existe un seguro de hipoteca para ayudar a compensar el riesgo asumido por la entidad acreedora.

Estos requisitos se determinan de forma independiente por las instituciones de crédito en sí. Otro factor importante a tener en cuenta para préstamos de cartera es que por lo general tienen mayores tasas de interés. Los préstamos de cartera se siguen haciendo en toda América, pero es aún más frecuente en ciertas comunidades y zonas con características especiales. Este tipo de préstamo es una gran opción para que usted pueda permitirse el lujo de financiar una casa, sin cumplir con los estrictos requisitos de las opciones de préstamo de uso más común.

Préstamo de dinero privado

Este último tipo de préstamo se está convirtiendo en el más popular en muchas partes del país, pero ha existido desde el principio de los tiempos. Este es el préstamo clásico de alguien en la comunidad - el préstamo de dinero privado. Estos préstamos son de inversores privados que ayudan a crear la propiedad de vivienda cuando todo el mundo dice que no. Al igual que los préstamos de cartera, estos préstamos tienen requisito de pago inicial mayor que los préstamos convencionales y gubernamentales.

Otro aspecto de estos préstamos es que las tasas de interés tienden a ser incluso más altos que los préstamos de cartera. Esto se debe al hecho de que la mayoría de los prestamistas privados no llevan tantos préstamos como las instituciones más grandes, lo que hace que sean menos diversificados y sujetos a un mayor riesgo de forma individual. Independientemente, ayudan a satisfacer una necesidad en la industria de la financiación de vivienda. Los préstamos privados no suelen ser destinados a la producción a largo plazo y puede tener una función de la demanda después de uno a tres años, lo que requeriría que el préstamo sea financiado o pagado por la venta de la casa.

Punto de Control de la mitad del libro

Hasta este punto, hemos tocado muchos factores clave que intervienen en el proceso de préstamo. La comprensión de estos mecanismos es un gran primer paso para dar lugar plan de juego sólido y preparar la compra de vivienda. Ahora vamos a cambiar de vía y avanzar hacia los factores psicológicos que intervienen en el proceso de préstamo para la vivienda.

Capítulo 4: Tres conceptos erróneos acerca de los costos de financiación de una vivienda

Primer Error: Todos los prestamistas son los mismos

Por mucho que me gustaría que esto fuera cierto, esto no podría estar más lejos de la realidad. En primer lugar, vamos a señalar que hay dos tipos de prestamistas distintos a quienes hacemos referencia, el oficial de crédito y la compañía para la que el oficial de crédito trabaja. Ambos llevan la etiqueta de "prestamista" y ambos pueden variar dramáticamente de los demás. Déjenme ponerlo de esta manera: hay algunas personas grandiosas (algunos pueden incluso estar cerca de amigos y familia) que no son muy buenos prestamistas, mientras que hay algunas personas no tan buenas que son muy buenos prestamistas. Vamos a poner algunas de estas combinaciones en grupos y analizar cada uno:

- *La buena persona, pero mal prestamista:* Este es un oficial de préstamo que tiene buenas intenciones, pero no está totalmente equipado para tener éxito. Pueden ser educados, pero carecen de conocimiento sobre las reglas, pautas y procesos de los préstamos. Tal vez les falta el apoyo necesario para realizar el trabajo con eficacia. Sus deficiencias pueden causar retrasos, o incluso provocar la pérdida de la oportunidad de comprar. Tenga precaución al confiar en esta persona profesionalmente.

- *La mala persona, pero buen prestamista:* Este es el oficial de préstamo que sabe cómo hacer el trabajo. Entonces, ¿dónde está el problema en el trabajo con esta persona? No está siendo aprobado el objetivo? Bueno, la gente mala hace cosas malas. Si este oficial de crédito es una mala persona, tal vez él lo está engañando a su manera para conseguir el préstamo. Aunque la mayoría de los compradores de vivienda sólo quieren conseguir su aprobación, participar en un préstamo que está falsamente presentado y aprobado con información falsa es fraude de préstamos y es un delito federal. Confíe en sus instintos y manténgase alejado del oficial de crédito que "puede hacer de todo", independientemente de la ética.

- *La buena persona que es un buen prestamista:* Este es el oficial de crédito que es como un mejor amigo. Pueden ser muy franco con usted, muy directo con usted y siempre mirar hacia fuera para sus mejores intereses. A veces, cuando se nos dice que no, nos enojamos. Pero al final del día, debemos entender que "no" puede haber sido lo mejor que nos pudo haber pasado. Un buen prestamista no necesariamente diría "no" a una solicitud de préstamo de alguien. Un buen prestamista podría decir "ahora no" y luego proceder a armar un plan de juego y aconsejar cómo el préstamo podría ser aprobado de una manera limpia y legal.

Veamos algunos consejos útiles que pueden ayudarlo a encontrar el oficial de crédito correcto:

1. *El agente de crédito tiene personal de apoyo - y punto.* Si el oficial de crédito tiene un asistente, su propio procesador, su propio asegurador y todos ellos trabajan juntos bajo el mismo techo, entonces, su oficial de préstamo tiene un ejército de trabajo para usted. Esto mejora en gran medida su factor de éxito!

2. *El agente de crédito tiene un gran personal de apoyo.* Sólo puede ser tan fuerte como su eslabón más débil, y si usted tiene un miembro en el equipo de su oficial de préstamo que deja caer la pelota, esto le podría costar su préstamo.

3. Tenga cuidado con el oficial de crédito que dice tener toda esta ayuda, pero todavía tiene que llamar fuera de la ciudad para hablar con su procesador o llamar fuera del estado para hablar con su asegurador. Si están tergiversando su equipo para usted, entonces, que más están tergiversando?

4. *La experiencia cuenta!* Asegúrese de que su agente de crédito tenga la experiencia necesaria para realizar el trabajo. No dude en entrevistarlo y pedirle qué lo diferencia de la competencia. Si la mayoría de sus respuestas no se centran en su nivel de experiencia, entonces, proceda con precaución. Lo siento, pero el ser un padre de tres no ayuda necesariamente a obtener el préstamo de forma más eficiente!

5. *Lo más importante es asegurarse de que su agente de crédito tiene una licencia de hipoteca.* Un oficial de préstamo con licencia no sólo tiene que pasar una verificación de antecedentes para la concesión de licencias, sino que debe tomar varias horas de entrenamiento requerido y pasar las pruebas estatales y federales rigurosas. Además, se requieren varias horas de educación continua cada año para renovar la licencia. Esto por sí solo ayuda a que sea más fácil y para que usted no se preocupe demasiado acerca de # 4.

Vamos a discutir cómo los factores de la empresa para la que trabaja el oficial de crédito influyen en su decisión. Como se puede imaginar, no todas las empresas son iguales. Algunos tienen una gran reputación por su buen servicio, mientras que otros tienen una gran reputación por su participación en la comunidad. Algunas compañías pueden presumir de tener la mayor cantidad de préstamos para vivienda en el país, mientras que otros reciben premios y reconocimientos especiales. Al final del día, nada de esto ayuda a conseguir su préstamo aprobado. Su oficial de préstamo sólo puede ser tan bueno como la compañía en que él o ella trabaja. Aquí hay algunos consejos sobre cómo encontrar una empresa perfecta para usted:

- *Estadísticas*: Deje que los números hablen por sí solos. Las estadísticas de préstamos son una gran manera de ver que las empresas están haciendo la mayoría de los préstamos en su comunidad. Esto hace que sea muy fácil de ver quién está realmente consiguiendo el trabajo hecho en su área. Cuidado: Una empresa que afirma tener la mayor cantidad de préstamos en su área no significa que hayan sido procesados desde el inicio. Pueden haber sido comprados a otro prestamista.

- *Amigos*: Si trabajar con un prestamista local es importante, entonces, preguntarle a sus amigos, familiares y compañeros de trabajo es un buen comienzo para la búsqueda de un posible prestamista. Todavía es necesario volver a verificar y asegurarse de que cumplen sus expectativas y requerimientos, sin embargo.

- *Los pros*: Otra gran manera de averiguar quién es altamente recomendado en su área es preguntarle a su profesional de bienes raíces, contador o compañía de título. Las posibilidades son muy buenas ya que estos profesionales han entrado en contacto con numerosos prestamistas en el tiempo, saben que funciona bien y puede ser un recurso excelente. Aun así aplique lo que sabe y vuelva a verificar al prestamista de todos modos. Es mejor prevenir que curar!

Second Misconception: I shouldn't apply for a loan until I have saved up enough money

The truth of the matter is that you should apply as soon as you decide that you want to own a home. Even if you are at the beginning of a 12-

month lease, you should still apply. Even if you have bad credit or income issues, you should still apply sooner rather than later. By applying early, you can find out exactly where you stand today. As long as you are working with a good lender, then you should get a solid game plan to help you accomplish your homeownership goals.

Let's look at a few possible scenarios:

1. *You get approved today and knew you would... so now what?* Congratulations! You have a lot to be proud of. Now you can plan for the next phase and take into account the following factors: How much are you qualified for? How much do you need to put down? What the payments would be based on the present market rates, and what you can buy? Having this information helps you to put things into better perspective as you begin to look at the inventory, mortgage rate trends and other relevant information.

2. *You did not get approved but you thought you would...* there is no need to panic. Again, this is why you should apply early. At this point, you will need to find out what needs to be addressed. Hopefully, it's a simple credit or income issue that can be fixed before buying. By applying early, you put time on your side and avoid having to delay your homeownership dreams and goals.

3. *You didn't think you would be approved right away, but you are!* I love it when this happens. A person drums up enough courage

to apply and fears those dreaded words "I'm sorry," but ends up being surprised to hear the word "congratulations!" This actually happens a lot and truly illuminates the American spirit that is embedded in homeownership. Although this scenario is fun to talk about, you have to stop and wonder: How many other people want to buy a home and would qualify if they applied, but never apply because they fear being rejected? That is a very sad fact to think about! Check out my eBook *Overcoming the Mindset of a Chronic Renter*, for more background on this scenario.

4. *You knew you would not be approved and you were not... but have a plan now!* You are now better off than when you started. You have a game plan to work on. I would venture a guess that this scenario represents almost half of all home loan applications. This is perfectly okay. What is *not* okay is when applicants do not follow through on their game plans. Those who stick to their plan and become homeowners as a result get to feel that great sense of achievement like no other!

5. *You applied, received the results but do not think your loan officer got it right.* Listen. I get it. You are not a loan officer and do not feel qualified to second-guess the loan officer who you trusted and chose to apply with. But if you do not have a good feeling about your lender, the results, or how the process was handled, then you absolutely must get a second opinion. Like many things in life, it is important to trust your gut and act on it.

You would be surprised how many times I have personally helped people who were not handled properly. Either they were declined when they should have been approved, were approved for less than they should have been, or were asked to unknowingly commit fraud! Be wise. Be careful.

Segundo Error: No se debe solicitar un préstamo hasta que haya ahorrado suficiente dinero

Si parece que estoy haciendo leña del árbol caído aquí, así es. Honestamente, yo realmente no puedo expresar con palabras cuan serio es un fraude hipotecario. El fraude puede venir en muchas formas diferentes - puede ser descarado, o parecer demasiado pequeño para tener importancia. Pero el fraude es fraude. La definición es bastante simple: el engaño pretende dar como resultado una ganancia financiera o personal.

Para protegerse a sí mismo, es importante tener en cuenta esta regla: Si no es verdad, no lo diga o no lo firme.

Los requisitos de préstamo se pusieron en marcha para ayudar a determinar qué personas son elegibles y por cuánto. Esto ayuda a asegurar que el prestatario puede pagar con eficacia una vivienda. Muchas personas están dispuestas a hacer lo que sea necesario para conseguir su aprobación, lo cual puede ser peligroso. A medida que persigue sus sueños de propiedad de vivienda, por favor, tenga en cuenta que todo va a suceder exactamente cómo se supone que debe suceder. Si usted no cumple con los requisitos de aprobación, entonces aprenda más acerca de las razones de ello y vuelva a dibujar su plan de juego.

Ser rechazado no quiere decir que nunca pueda conseguir la casa de sus sueños; sólo significa que usted tiene mucho trabajo por hacer antes de que sea el momento. Pero le prometo que usted no quiere aprender de la manera difícil por mentir para su aprobación del préstamo - la prisión no vale la pena. Por lo tanto, si usted tiene un prestamista que le está pidiendo que mienta, esconda o exagere la verdad, despídalo inmediatamente! Puede trabajar con un oficial de préstamo más solidario y veraz. Lo agradecerá más adelante!

Capítulo 5: Diez errores críticos para evitar al elegir un prestamista

A medida que comenzamos a ponerle fin a este libro y usted se embarca en el viaje hacia el sueño americano de la vivienda propia, vamos a bosquejar rápidamente algunos errores críticos que pueden obstaculizar su viaje:

1. *Tomar una recomendación de una fuente no calificada:* Si bien es grandioso recibir asesoramiento de sus seres queridos y las personas cercanas a usted, por favor, tenga en cuenta que ahora usted tiene una comprensión de lo que sucede en el proceso de préstamo para vivienda. Este mayor conocimiento y comprensión le ayudará a encontrar el prestamista correcto y que le rinda cuentas. Una vez que haya seleccionado a su prestamista, tiene que confiar en él. Y a menos que la abuela sea una prestamista cualificada, es bueno tomar lo que dice con un grano de sal y confiar en el prestamista que usted ha contratado.

2. *Permitir que cada prestamista que usted conozca saque su reporte de crédito:* Cada prestamista con el que usted hable va a querer sacar su reporte de crédito. Eso es porque les da un sentido de compromiso de su parte. Pero durante su búsqueda inicial de un prestamista, a medida que trata de identificar el más adecuado para usted, sólo necesita sus citas, consejos, opiniones y / o evaluación de los datos de la solicitud. Por lo tanto, debe permitir que solo un

prestamista saque su reporte de crédito durante su búsqueda inicial. Antes de aplicar con este primer prestamista, asegúrese de que está dispuesto a darle una copia de una fusión de tres informes crediticios para que pueda compartir la información con los otros prestamistas que hable. Tenga en cuenta, si usted no se queda con el primer prestamista que sacó su informe de crédito inicialmente, es muy probable que tenga que permitir que el prestamista que seleccione para su préstamo saque un informe de crédito sobre usted.

3. *Usar un reporte de crédito en línea o cuenta de crédito:* ¿Usted sabía que hay diferentes versiones de su informe de crédito? Hay versiones utilizadas para los préstamos de tarjetas de crédito, préstamos para automóviles y préstamos para la vivienda. Usted quiere utilizar los datos más precisos, mientras está haciendo compras y durante la investigación de sus opciones. Obtenga la versión de hipoteca de su informe. Véase el punto 2 (arriba), así como el Apéndice B, que habla más de esto.

4. *Dejar que los prestamistas lo convenzan de que ellos no pueden ayudar a menos que saquen su reporte de crédito:* Un prestamista puede utilizar los datos de la fusión de tres informes crediticios que usted le proporcionó para un análisis exhaustivo. Puede que no sean capaces de obtener una decisión automática en su solicitud de préstamo, pero le puede proporcionar la información que busca: cantidad de calificación, tasa de interés y opciones de préstamo. Si se encuentra con un prestamista que le dice que tienen que sacar

su propio informe por adelantado, entonces este es un buen momento para despedirlo y pasar al siguiente.

5. *Pensar que todos los prestamistas tienen los mismos criterios para la aprobación de préstamos:* Algunos prestamistas tienen superposiciones, mientras que otros no. Una superposición es un requisito de préstamo añadido por la entidad crediticia el cual no es específicamente un requisito para un préstamo convencional o de gobierno. Las superposiciones son utilizadas por los prestamistas para mejorar la calidad de sus prestatarios mediante la aplicación de condiciones más estrictas para calificar. Si bien no es fácil para "el ciudadano medio" determinar quién tiene las superposiciones y quién no, aquí es donde obtener una segunda opinión puede ser importante. De nuevo, si usted no se siente bien acerca de los resultados de su aplicación, entonces confíe en la voz interior y actúe en consecuencia

6. *Elegir un prestamista únicamente según la tarifa - no el valor:* Si bien, conseguir la mejor tarifa es muy importante, conseguir el préstamo aprobado correctamente es aún más importante. Como he mencionado anteriormente, usted se sorprenderá de a cuántas personas he ayudado a conseguir su préstamo hecho correctamente. Recuerde: la tarifa no tiene sentido si usted no consigue el préstamo hecho correctamente o terminado en lo absoluto!

7. *Elegir un prestamista porque es allí donde usted tiene sus cuentas bancarias:* Las relaciones son importantes, pero no deben nublar su

juicio. A veces se puede encontrar una mejor opción que en su banco. Eso no significa que tenga que cerrar sus cuentas. Sólo significa que ha encontrado un agente de préstamos más calificado.

8. *Elegir un prestamista, ya que tiene una buena publicidad:* Recuerde que debe dejar que su prestamista le sirva y no que le venda. Mientras que la publicidad puede ser un signo positivo y proporcionar información valiosa, aún debe seleccionar un prestamista por mejores razones que algo atractivo visualmente y sonoro.

9. *Usar la misma persona que utiliza su amigo:* Es excelente tener este tipo de recomendaciones, pero hay que sopesar con toda la otra información que ahora tiene. Es muy posible que su amigo no haya tomado las medidas adecuadas cuando seleccionó su prestamista. Quizá la próxima vez, usted será el que refiera a alguien para ellos. Por lo tanto, asegúrese de tener en cuenta todo lo que ha aprendido, y evite tomar atajos.

10. *No investigar a su prospecto oficial de préstamo en el acceso de los consumidores NMLS:* NMLS significa Sistema de licencias a nivel nacional en varios estados. Si se selecciona un agente de crédito hipotecario con licencia, entonces se puede visitar NMLS acceso de los consumidores y ver su perfil, historial de trabajo, y el historial de licencias, así como las medidas disciplinarias tomadas contra el oficial de crédito.

Capítulo 6: Las tres preguntas que debe hacerse antes de solicitar un préstamo de vivienda

¡Dése una palmadita en la espalda! Ahora está en un capítulo lejos del inicio de su viaje hacia el sueño americano de la vivienda propia. En los primeros capítulos de este libro, dimos un vistazo a algunos de los mecanismos que intervienen en la solicitud de préstamo de vivienda. Luego, echamos un vistazo a algo de la psicología involucrada en el proceso. En este último capítulo, vamos a hacer una verificación rápida del alma. Este es un paso simple y muy importante, ya que la compra de una casa será una de las mayores inversiones que tendrá que realizar. Usted quiere que su mente, su cuerpo y su alma estén totalmente comprometidos con este esfuerzo. Ahora, vamos a sacar un cuaderno y a escribir las respuestas a estas tres preguntas.

1. ¿Cuáles son sus principales razones para comprar una nueva casa?
2. ¿Cree usted en el sueño americano de la vivienda propia?
3. ¿Cómo se siente en el interior cuando se dice "Voy a tener un nuevo hogar"?

Cierre los ojos y trate de imaginar el día en que recibe las llaves de su nuevo hogar. Esta casa pertenece a usted. Esta es una casa con la que puede hacer cualquier cosa (siempre y cuando tenga los permisos apropiados, cuando sea necesario). Es el lugar donde va a crear recuerdos y construir un mañana mejor. Se siente una sensación de logro, y esto va a alimentar su confianza durante muchos años. Lo mejor de todo, usted no tiene que pagar el alquiler a otra persona que ya se está beneficiando del sueño americano de la casa propia!

La pregunta del sueño americano puede ser una cargada, pero usted se sorprendería de saber el número de "arrendatarios crónicos" que viven en Estados Unidos. Arrendatarios crónicos son las personas que califican para un hogar totalmente, pero prefieren alquilar. Si bien hay razones válidas para alquilar (por ejemplo, trabajo, familia, salud), muchos estadounidenses prefieren alquilar debido al miedo o a una mala experiencia pasada. Analizo estas razones y otras en mi libro electrónico, superación de la mentalidad de un arrendatario crónico. La verdad es que la propiedad de vivienda no es para todos, pero es un sueño que todos pueden seguir.

En la última pregunta de verificación del alma, las respuestas van a significar más para usted que para cualquier otra persona. Sólo usted sabe cuáles son sus esperanzas, sueños y metas. Aun así, esto puede ser una información valiosa para los demás. No dude en compartir esto con su agente de crédito, su agente de bienes raíces o incluso amigos que necesitan el estímulo de su propio espíritu libre. Los sueños positivos, metas y aspiraciones son contagiosas y sólo pueden hacer del mundo un lugar mejor. Ahora, es el momento de encontrar su lugar!

¡Felicitaciones! Ahora está listo para iniciar su viaje. Aunque siempre va a seguir aprendiendo más y más sobre préstamos de vivienda y propiedad de la vivienda a través del tiempo, ahora tiene una gran base desde la cual se puede lanzar. Buena suerte y que Dios los bendiga!

ANEXO A: Establecer el crédito

Una frustración común con el crédito es que muchas personas son rechazadas debido a la falta de historial de crédito. Pero si usted necesita tener crédito para ser aprobado para el crédito, entonces ¿por dónde empezar? Estas son las tres mejores maneras de empezar:

1.   Ser agregado como un usuario autorizado de la tarjeta de crédito de otra persona (usualmente familiares).

    a.   Esto le permitirá utilizar el historial de crédito de la tarjeta, ya que será colocado en su historial crediticio. Esto puede ser contraproducente, sin embargo, si la persona que tiene la tarjeta se convierte en moroso al hacer los pagos.

    b.   Podría tomar algunos meses que esta cuenta aparezca en su informe de crédito.

    c.   Esta estrategia aumentará la probabilidad de que usted sea aprobado para una cuenta propia

    d.   Una vez que haya establecido sus propias cuentas por lo menos 12+ meses, debe solicitar darse de baja como usuario autorizado (a fin de eliminar el riesgo de mora).

2.   Abra una tarjeta de crédito asegurada sólo a su nombre (por lo general con un límite de $ 300). Para una tarjeta de crédito con garantía real, deposite $ 300 como garantía con el banco que concede la tarjeta de crédito. Básicamente usted está pidiendo prestado su propio dinero, mientras paga intereses al banco. A pesar de que puede sonar un poco

atrasado, este es un método muy común que se utiliza para ayudar a establecer crédito. Aquí hay algunos consejos útiles:

a. Este tipo de tarjeta se debe utilizar para *solo* para establecer crédito.

b. Dependiendo de su banco, usted puede ser capaz de convertir su tarjeta asegurada en una tarjeta sin garantía después de un año. Cuando esto sucede, su depósito inicial de $ 300 será devuelto.

c. En caso de que esta cuenta entre en mora, el banco puede cerrarla y utilizar su depósito inicial para ayudar a pagar el saldo de la tarjeta.

d. Para maximizar su puntaje de crédito con esta cuenta, mantenga el equilibrio inferior al 10% del crédito disponible (por ejemplo, menos de $ 30 en un límite de $ 300). Si usted no cree que esto tiene sentido, por favor, vuelva a leer "a".

3. Obtenga un co-firmante. Un co-firmante es un solicitante calificado que firma con un candidato no calificado para obtener la solicitud aprobada. Esto es común tanto con los préstamos para automóviles como para vivienda.

a. Si usted está esperando para comprar una casa dentro de un par de años, entonces es posible que desee volver a examinar la financiación de un auto nuevo. Los pagos del auto pueden ser altos y limitarán su poder de compra cuando sea el momento para comprar una casa.

b. Un co-firmante calificado puede ser utilizado para comprar una casa con un préstamo de la AFV. Esto permitirá la compra de una casa más temprano que tarde.

c. En la mayoría de los casos, el co-firmante tendrá que calificar para el nuevo préstamo por su cuenta antes de que pueda ayudar a alguien. Por ejemplo, si la mamá tiene una calificación de crédito de 800, pero no tiene ingresos comprobables, entonces ella puede ser rechazada a sí misma.

ANEXO B: Obtener su informe de crédito y saber cómo es un buen crédito

Como se mencionó en el capítulo 5, es importante obtener una buena versión de su informe de crédito de hipoteca, y no los que se pueden obtener en línea. Es importante porque las puntuaciones de crédito utilizadas en la industria de la hipoteca son diferentes a las utilizadas en las industrias de préstamos de automóviles y tarjetas de crédito. Como se mencionó anteriormente, los solicitantes que piensan que todas las puntuaciones de crédito son las mismas (incluso los que se pueden comprar en línea) por lo general se llevan una gran sorpresa y una confusión innecesaria.

La mejor manera de obtener dicha copia es aplicar con un prestamista que esté dispuesto a compartir el informe de crédito "tri-merge" (la fusión de tres informes crediticios) con usted. ¿Qué significa "tri-merge"? Tri-merge simplemente significa que tiene las tres oficinas principales en el informe. Si dicen que no pueden o no lo harán, pase a la siguiente entidad crediticia. Usted quiere obtener una copia de la versión de hipoteca de su informe de crédito el cual puede compartir con otros prestamistas para las cotizaciones y las evaluaciones. Este informe tri-merge tendrá sus deudas, cuentas de crédito y toda la información relevante necesaria para una buena consulta.

Así que, ¿cómo se considera un buen crédito? Esta es una pregunta difícil, ya que depende en parte del tipo de préstamo que usted está tratando de conseguir. También depende de cómo los distintos prestamistas hipotecarios quieren fijar el precio de sus préstamos. Algunos prestamistas pueden penalizar a alguien con una menor puntuación de crédito, mientras que otros prestamistas no. Por ahora, vamos a notar que un buen crédito es un término relativo.

Así que nos damos una idea de qué esperar, vamos a darnos algunos puntos de referencia genéricos para trabajar. En primer lugar, las puntuaciones de crédito por debajo de 600 pueden considerarse mal crédito. ¿Y adivine qué? La financiación AFV y AV puede bajar a una puntuación de crédito de 580! Así que de nuevo, el mal crédito es un término relativo. La mayoría de los prestamistas, sin embargo, requieren un puntaje de crédito de al menos 600 o 620. Este requisito se llama una superposición y también se menciona en el capítulo 5. Esta es otra razón para obtener su informe de crédito por adelantado y compare. No dude en escribirme a mi correo electrónico (Contact@BaltazarPartners.com) con cualquier pregunta que pueda tener sobre este punto.

Hasta ahora, hemos definido mal crédito a los menores de 600. También tenemos prestamistas con requisitos de crédito para las calificaciones de 600 y 620. Vamos a llamar a los de 600-639 crédito pobre. También hay una serie adicional de préstamos, productos y programas para las puntuaciones de crédito igual o superior a 640. Vamos a llamar a éste crédito 640-659 crédito justo. Muchos prestamistas requieren una puntuación mínima de 660 de crédito para los préstamos convencionales, mientras que otros están dispuestos a bajar a 620. En cualquier caso, los puntos de referencia 660-679 con seguridad se puede considerar el crédito promedio. Por lo general, las tasas de préstamos convencionales mejoran gradualmente en las puntuaciones de 680, 700, 720 y 740, con 740 y por encima de ser el mejor. Por lo tanto, vamos a llamar a 680-719 buen crédito, 720-739 muy buen crédito y 740+ crédito excelente. Es muy divertido cuando me encuentro con un cliente con una puntuación de crédito 790 que se decepciona debido a que sus resultados no están en los 800. Si bien es divertido, usted tiene que dar a las personas una gran cantidad de crédito para apuntar alto. No hay nada de malo en ello.

Aquí hay un resumen rápido de los rangos de créditos discutidos:

- < 600 = Mal crédito
- 600-639 = Crédito pobre
- 640-659 = Crédito justo
- 660-679 = Crédito promedio
- 680-719 = Buen crédito
- 720-739 = Muy buen crédito
- 740+ = Crédito excelente

Nota: Cuanto mayor sea la puntuación, menor es el riesgo. Cuanto más alta sea la puntuación, es más probable que sea aprobado y / o pueda calificar para una mejor tasa.

ANEXO C: Mantener y mejorar su calificación de crédito

- Pague sus cuentas a tiempo.
- Póngase al corriente y manténgase así con todos los pagos (a los últimos 12 meses se les da el mayor peso).
- Prepare una estrategia a largo plazo.
- Mantenga bajos los saldos de cuentas de crédito renovable. Por encima de $ 0, pero menos de 10% del límite de crédito es el mejor. Menos del 30% es bueno. 30-50% es aceptable. Más del 50% no es bueno cuando el objetivo es obtener puntuaciones más altas.
- Pague la deuda, no se mueva a su alrededor (evite transferir todas sus tarjetas en 1 sola la cual estará por encima del 50% de su límite de crédito).
- No cierre las cuentas, mientras que se mantiene un equilibrio.
- No abra muchas cuentas nuevas en un corto período de tiempo (revise la metáfora del matrimonio en el capítulo 2).
- Revise su informe de crédito y compruebe si hay errores anualmente.
- Corrija los errores reportados en su informe de crédito en el momento oportuno.

ANEXO D: Periodos de espera después de una quiebra, venta corta o de exclusión (a partir del 1/2016)

DIRECTRICES CONVENCIONALES

- *La exclusión:* Puede solicitar un préstamo de Fannie Mae (convencional) siete años después de la fecha de venta de su ejecución hipotecaria (cuatro años si se incluye en la quiebra).
- *Venta Corta:* Cuatro años con condiciones.
- *La bancarrota:* Usted puede solicitar un préstamo convencional después de que la quiebra del Capítulo 7 se haya descargado durante cuatro años o dos años a partir de la descarga de un Capítulo 13.

El crédito debe ser restablecido con un mínimo puntaje de crédito de 620, y la fecha del informe de crédito deberá ser posterior a la fecha de registro de la ocurrencia.

DIRECTRICES EN AFV

- *La exclusión*: Usted puede solicitar un préstamo asegurado por la FHA tres años después de la (transferencia) fecha de escritura de fideicomiso.
- *Venta Corta:* también tres años después de la fecha de escritura de fideicomiso, pero no hay un período de espera requerido si puede demostrar que nunca se había retrasado en la hipoteca (s) para la vivienda que se vendió.

- *La bancarrota:* Usted puede solicitar un préstamo asegurado por la AFV después de que su quiebra haya sido dada de alta por dos años en una bancarrota del capítulo 7.
- *Capítulo 13:* Si ha realizado pagos de quiebra satisfactorios por un año, entonces el prestamista puede determinar que se ha restablecido el crédito satisfactoriamente. Si el fiduciario o el juez del concurso ha autorizado la emisión de un nuevo crédito, el prestamista puede ser capaz de darle una aprobación de préstamo.

La fecha de la solicitud deberá ser posterior a la fecha de la ocurrencia de beneficiarse de la financiación AFV.

DIRECTRICES EN AV

- *La exclusión:* Puede solicitar un préstamo AV dos años después de la (transferencia) fecha de escritura de fideicomiso.
- *Venta corta:* También dos años después de la fecha de escritura de fideicomiso, pero al igual que la AFV, no hay período de espera requerido si puede probar que nunca se habían retrasado en la hipoteca (s) para la casa que fue vendida.
- *La bancarrota:* Usted puede solicitar un préstamo AV después de que su quiebra ha sido dada de alta por dos años en una bancarrota del capítulo 7.
- *Capítulo 13:* Si ha realizado pagos de quiebra satisfactorio por un año, entonces el prestamista puede determinar que se ha restablecido el crédito satisfactoriamente. Si el fiduciario o el

juez del concurso ha autorizado la emisión de un nuevo crédito, el prestamista puede ser capaz de darle una aprobación del préstamo.

El crédito debe ser restablecido con un puntaje mínimo de 620 créditos.

La fecha de la solicitud deberá ser posterior a la fecha de registro de la ocurrencia de beneficiarse de la financiación VA.

DIRECTRICES EN DAEU

• *La bancarrota:* Usted puede solicitar un préstamo rural DAEU tres años después de la fecha de alta de una bancarrota del capítulo 7 o un año desde la finalización de una bancarrota del capítulo 13.

• *La exclusión:* Puede solicitar un préstamo rural DAEU tres años después de la fecha de escritura de fideicomiso.

• Venta Corta / Escritura a cambio de ejecución: Lo mismo que la exclusión.

La fecha de aprobación del crédito deberá ser posterior a la fecha de la ocurrencia de beneficiarse de la financiación del DAEU.

ANEXO E: Seguro Hipotecario (SH)

En primer lugar, un seguro de hipoteca –SH (en inglés MI) no debe confundirse con el seguro de propietarios. Mientras que el seguro de propietarios cubre a los propietarios de viviendas en el caso de que su casa se haya quemado o haya sido robada, un seguro de hipoteca cubre parte de la pérdida del prestamista en caso de que usted no cumpla con su préstamo. Así que, ¿por qué está obligado a comprar un seguro de hipoteca cuando no lo protege? Bueno, el seguro de hipoteca es lo que le permite comprar una casa con menos de 20% hacia abajo. Si usted tiene un 20% para poner y no tiene un mejor uso para ese dinero, entonces, déjelo y evite el seguro de hipoteca.

En segundo lugar, el seguro de hipoteca también se conoce con el nombre de PSH y SHP (En inglés Mortgage Insurance Premium -MIP y Private Mortgage Insurance -PMI). PMH significa Prima de Seguro Hipotecario y es el seguro de hipoteca asociado con préstamos de la AFV. SHP es sinónimo de Seguro Hipotecario Privado y está asociado con los préstamos convencionales. No importa como lo llaman ellos, al final del día ambos son seguros hipotecarios. Ambos son todavía SH!

En tercer lugar, con los préstamos convencionales, hay diferentes maneras en que el Seguro Hipotecario se puede pagar. La forma más común es pagada por el prestatario y se denomina Seguro Hipotecario Pagado por el Deudor (SHPD, en inglés BPMI). Esta es la opción más popular porque tiene el costo más bajo por adelantado ($ 0) y una tasa de interés más baja. Otra opción común de Seguro Hipotecario se denomina Seguro Hipotecario Pagado por el Prestamista SHPP (en inglés LPMI). En este caso, el prestamista va a pagar por el seguro hipotecario a cambio de una tasa de interés más alta. La opción SHPP es popular porque el pago total de la hipoteca es menor que la de SHPD. Mientras que la mayoría de SHPD se paga mensualmente, hay otras opciones que no se recomiendan debido a los mayores costos iniciales / fondos.

Por último, lo más importante a tener en cuenta con respecto al Seguro Hipotecario es que el seguro de hipoteca mensual se puede sacar de un préstamo convencional una vez que el saldo del crédito caiga por debajo del 80% del precio de compra (o el valor de tasación original, si es más bajo que el precio de compra). Este fue el caso de los préstamos de la AFV hasta junio de 2013. En la actualidad, si se pone menos del 10% con respecto a un préstamo AFV, tendrá PMH para la vida del préstamo. Esto no es necesariamente malo, a menos que usted planee mantener el préstamo por más de diez años. Antes de llegar a ese punto, es posible que desee considerar la refinanciación en un préstamo convencional más pronto que tarde.

Nota rápida: Este apéndice tenía un montón de siglas. Si usted está un poco perdido con todos estos acrónimos, recuerde que hay una "hoja de trucos" - Apéndice F - para ayudar.

Acrónimos / Términos clave

HTA: Una Hipoteca de Tasa Ajustable es un préstamo con una tasa de interés que no se fija durante la vigencia del préstamo. Por lo general, estos tipos de préstamos tienen una tasa fija durante los primeros años del préstamo y luego se ajustan posteriormente cada año. Son populares entre los prestatarios con experiencia que planean sólo mantener el préstamo por un corto período de tiempo y quieren disfrutar de una tasa más baja que la de una tasa fija a 30 años.

TIA: No debe confundirse con la tasa de interés del préstamo, que es un componente de la TIA, la Tasa de Interés Anual calcula el costo para el solicitante de la hipoteca. Se necesita el importe total prestado, restar ciertas cuotas de esa cantidad, y calcular la tasa de interés sin cambiar la cantidad de pago. En otras palabras, ayuda al factor del costo total de su crédito - el costo para obtener el préstamo (costos de cierre) y el costo de tener el préstamo (tasa de interés).

SHPD: Seguro Hipotecario Pagado por el Deudor. Véase el Apéndice E para más detalles.

OPFC: La Oficina de Protección Financiera del Consumidor, una agencia independiente del gobierno de los Estados Unidos, es responsable de la protección del consumidor en el sector financiero.

CPAV: Combinación Préstamo a Valor, es el porcentaje total de todas las hipotecas al valor de la propiedad.

DAI: Deuda a Ingresos es la proporción del ingreso bruto mensual del prestatario a sus usuarios y / o de la deuda de la vivienda.

ARCJ: El Acta de Reporte del Crédito Justo es la legislación federal de EE.UU. que ha promulgado el gobierno para promover la exactitud, imparcialidad y privacidad de la información contenida en los ficheros de información de las agencias de reportes del consumidor.

AFV: La Administración Federal de Vivienda es una agencia del gobierno federal que supervisa el mercado de la vivienda en EE.UU. Las hipotecas de la AFV están garantizadas por el gobierno federal y ofrecidas por los prestamistas.

FHLMC / Freddie Mac: El "Federal Home Loan Mortgage Corporation" es uno de los dos GSE (Goverment Sponsored Enterprises) creada por el Congreso para aumentar el acceso a las hipotecas. Las hipotecas que se ofrecen bajo las directrices de Freddie Mac también se llaman "hipotecas conforme" ya que son conformes a las directrices de Freddie Mac para obtener préstamos convencionales. En otras palabras, el FHLMC hace las reglas para los préstamos convencionales.

FNMA / Fannie Mae: La Asociación Nacional Hipotecaria Federal (Federal National Mortgage Association), como Freddie Mac, es un GSE que fue creado por el Congreso para aumentar el acceso a las hipotecas. Las hipotecas que se ofrecen bajo las directrices de Fannie Mae se denominan hipotecas "conforme" ya que son conformes a las directrices de Fannie Mae.

CCPPV: El Comprador de casa por primera es un comprador que no ha tenido un interés de propiedad en una residencia dentro de los tres años anteriores.

GNMA / Ginnie Mae: El Government National Mortgage Association es la agencia de garantía para las hipotecas garantizados por el gobierno federal que se ofrecen a través de AV, AFV, y el DAEU.

VDU: Vivienda y Desarrollo Urbano es el departamento del gabinete del gobierno federal que ayuda a supervisar el mercado de la vivienda en EE.UU. Todas las leyes que se aprueban en el Congreso son administrados por VDU.

OP: El Oficial de Préstamo se describe en el capítulo 1. Véase también Oficial de Préstamo de Hipoteca (OPH).

SHPP: Seguro Hipotecario Pagado por el Prestamista es un seguro de hipoteca pagado por el prestamista en lugar del deudor. Esto se logra porque el prestamista aumenta la tasa de interés de la hipoteca.

PAV: Préstamo-a-valor es el porcentaje del saldo del préstamo hipotecario al valor de la casa.

PSH: La Prima de Seguro Hipotecario es similar al Seguro Hipotecario Privado (SHP) pero se utiliza para las hipotecas de la AFV. Con las hipotecas de la AFV, hay un pago por adelantado PSH, así como un pago mensual de SH.

OPH: Originador de préstamos hipotecarios. Cualquier persona que mediante remuneración o ganancia, realiza una solicitud de préstamo hipotecario residencial u ofrece o negocia términos de una solicitud de préstamo hipotecario residencial debe tener una licencia o estar registrado como un originador de préstamos hipotecarios.

PIIS: Principal-interés-impuestos-Seguros. Esta cifra se utiliza para determinar el costo que cubre la solicitud de préstamo. Estas variables también pueden ser parte del pago de la hipoteca.

SHP: Seguro hipotecario privado. Véase el Apéndice E.

Refi: Abreviatura de refinanciamiento. Un refinanciamiento es cuando una nueva hipoteca se saca para pagar otra hipoteca. Esto se hace por varias razones (para obtener un mejor préstamo, retirar dinero en efectivo, suprimir o añadir un prestatario).

AV: La Administración de Veteranos, al igual que la AFV, tiene hipotecas garantizadas por el gobierno federal y son ofrecidas por los prestamistas. Las hipotecas AV sólo están disponibles para los miembros de las fuerzas armadas y las viudas de veteranos.

DAEU: El Departamento de Agricultura de Estados Unidos, como la AFV, tiene hipotecas garantizadas por el gobierno federal y son ofrecidas por los prestamistas.

VD: Verificación de depósito es un formulario enviado al banco / cooperativa de crédito / ahorro para verificar la cantidad de fondos en la cuenta y para proporcionar un equilibrio promedio durante un período de tiempo especificado.

VE: Verificación de Empleo es una forma que se envía a los empleadores para verificar el empleo. Es común también hacer una VE verbalmente por el prestamista justo antes del cierre.

VR: Verificación de Renta es una forma que se envía al propietario para verificar el pago puntual de la renta.

W2: W2 son los formularios de impuestos proporcionados por un empleador para reportar el ingreso de un individuo del total del año.

1099: 1099 son los formularios de impuestos proporcionados por una institución para reportar los resultados del ejercicio total.

4506-T: Se trata de un formulario de Solicitud de Transcripción de impuestos, lo que permite a los prestamistas recuperar las transcripciones de las declaraciones de impuestos que están en el archivo con el IRS con el fin de verificar que las declaraciones de impuestos previstos para la calificación de la hipoteca son válidos.

www.ingramcontent.com/pod-product-compliance
Lightning Source LLC
Chambersburg PA
CBHW050522210326
41520CB00012B/2404